TAO TE KING

ARCA DE SABIDURÍA

LAO TSE

TAO TE KING
Versión de John C. H. Wu

EDAF

MADRID - MÉXICO - BUENOS AIRES - SAN JUAN - SANTIAGO - MIAMI

Título del original inglés: TAO TE KING

© De la traducción: Alfonso Colodrón.
© 1961. By St. John´s University Press, New York.
© 1993. De esta edición, Editorial EDAF, S. L. U.

Editorial EDAF, S. L.
Jorge Juan, 68. 28009 Madrid
http://www.edaf.net
edaf@edaf.net

Algaba Ediciones, S.A. de C.V.
Calle 21, Poniente 3323, Colonia Belisario Domínguez
Puebla 72180, México
edafmexicoclien@yahoo.com.mx

Edaf del Plata, S. A.
Chile, 2222
1227 - Buenos Aires, Argentina
edafdelplata@edaf.net

Edaf Antillas, Inc
Av. J. T. Piñero, 1594 - Caparra Terrace (00921-1413)
San Juan, Puerto Rico
edafantillas@edaf.net

Edaf Chile, S.A.
Coyancura, 2270, oficina 914, Providencia
Santiago - Chile
edafchile@edaf.net

23.ª reimpresión, noviembre 2013

Depósito legal: M-47.622-2011
ISBN: 978-84-7640-654-0

PRINTED IN SPAIN   IMPRESO EN ESPAÑA
Gráficas COFAS, S. A. Pol. Ind. Prado de Regordoño (Mostoles) Madrid

Índice

Prólogo

LAO TSE

Hablar de Lao Tse no es tarea fácil, ya que muchos autores dudan incluso de su existencia histórica. Tomando los relatos legendarios de su nacimiento —sólo comprensible desde la poesía y el simbolismo—, éste se sitúa en la aldea de Kiu-Yen del reino de Tchu, allá por el año 600 antes de Jesucristo. Cuenta la tradición que su madre, virgen para más señas, lo llevó en su seno durante más de 80 años y que le dio a luz bajo la axila izquierda, una vez que casualmente un rayo de sol se introdujo en su boca cuando descansaba a la sombra de un ciruelo. Así nació Lao Tse "el Viejo", con los cabellos y barbas blancos, el rostro arrugado y mostrando su sabiduría desde el primer gesto que tuvo sobre la tierra: se puso a meditar en silencio. Pocos datos hay ulteriores sobre su vida hasta que, 90 años después, se produce la famosa entrevista con Confucio, que *había ido en su busca para interrogarle sobre verdades filosóficas y cerciorarse sobre las narraciones de las gentes en torno a un viejo y solitario sabio. Después de la conversación, cuyo contenido se desconoce, Confucio dijo a sus discípulos: "Al animal que corre por la tierra se le coge con una trampa, al pez que nada en las aguas se le pesca con una red, al pájaro que vuela por los cielos se le caza con una flecha, pero al Dragón que se remonta por encima de las nubes, yo no se cómo atraparlo. Yo he visto a Lao Tse; él es como el Dragón."*

Es evidente que un hombre así descrito y que tuvo la originalidad de nacer de modo tan peculiar, merece haber existido. Quede para historiadores y eruditos la responsabilidad de hallar las pruebas que lo demuestren, para otros nos es suficiente abrir de cuando en cuando el Tao Te King *y quedarnos perplejos ante una obra que es la síntesis de la paradoja, y que de modo suave, como fluyendo, nos sitúa justo al borde del abismo del conocimiento.*

EL TAO TE KING

El libro del Tao comparte con su autor la cualidad de ser inaprensible. La razón no es suficiente para penetrar en él; de igual modo, la emoción no sirve como único camino de acceso. No obstante, sin ambas, tal vez sea imposible deslizarse adecuadamente por su contenido y, aun así, no es previsi-

ble que sólo con estas herramientas se pueda descubrir el misterio del Tao. Pero vamos a dar algunos apuntes apelando al pobre recurso de lo concreto. En esta vía, descubriremos que una traducción aproximada del Tao Te King *nos daría "El libro (King) de la virtud (te) y del Tao". Sobre el término Tao, encontramos que los especialistas nos hablan de que su carácter escrito está compuesto de dos elementos: uno significa cabeza, el otro, caminar. Por último, añadir que el libro consta de 81 capítulos —mejor sería decir apartados— que no guardan ningún ordenamiento con respecto al sentido del texto, ni tampoco se halla ninguna justificación aparente para que sean 81 las divisiones y no cualquier otro número.*

Poco más se puede decir sobre la historia del Tao Te King, *únicamente recurrir de nuevo a la leyenda que nos habla de un vigilante de caminos que conminó a Lao Tse a verter su sabiduría en un libro, al enterarse que éste cruzaba su frontera con el propósito de buscar el lugar más remoto y solitario donde apartarse del mundo y no regresar jamás.*

Sin embargo, para explorar la verdadera naturaleza del Tao Te King, *quizá la mejor clave la encontremos en la extrema dificultad de su clasificación. En realidad, no es un libro de religión, pero late de religiosidad. Tampoco es un libro de ética, pero trasluce una sombra invisible de conducta ante la vida. No se puede afirmar que sea un libro filosófico, pero respira sabiduría de prin-*

11

cipio a fin. Claramente, no es un libro de poesía, pero destila armonía por todos sus pasajes. No es un libro donde se advierta la estructura de un orden, pero impacta la fuerza de su coherencia. En definitiva, es el libro del Tao; y si Lao Tse es como el Dragón que se remonta por encima de las nubes, su obra exige al lector que, al menos, se incorpore sobre su libertad de pensamiento y mire más allá de los límites ordinarios de sus creencias.

EL TAO

Si algo ha caracterizado al Tao, es el hecho de ser indefinible, como ya nos advierte Lao Tse desde el inicio mismo de su obra. No obstante, a lo largo de la historia han sido numerosos los pensadores y filósofos que han tratado de sintetizar la esencia y significado del Tao en definiciones concretas. Recogeré tres de ellas de autores anónimos y que me parecen especialmente evocadoras, ya que revelan su profunda comprensión del mismo:

"El Tao es la acción expresada en la no-acción. El Tao es la no-acción expresada en la acción."

"El Tao es la Totalidad Creadora manifestada en la Unidad que se oculta en la diversidad."

"El Tao es el camino infinito que conduce al Tao."

Estos magníficos ejemplos, sin duda, nos dan una luz con respecto a la naturaleza del Tao, pero

si reflexionamos detenidamente en las tres defini-
ciones, nos damos cuenta de que, remitiéndonos a
una sola de ellas, nos encontraríamos ante una
visión parcial del Tao, pues si bien el Tao puede
reflejarse en la dualidad paradójica acción-no
acción que se pone de manifiesto en la primera
definición, no podemos olvidar la relación Tao-
Totalidad, Unidad, Diversidad, que nos ofrece la
segunda. Naturalmente, podríamos encontrar
otras muchas precisiones sobre el Tao igualmente
acertadas, paro no harían más que mostrarnos
siempre aspectos parciales que nos ocultarían in-
evitablemente la última realidad del Tao.

Pero, ¿cuál es la última y verdadera realidad
del Tao? Parece obvio que pocos pueden responder a
esa pregunta. Sin embargo, se cuenta que un viejo
maestro taoísta, después de muchos años de expe-
riencia y trabajo interior, recibió la iluminación
sobre la verdadera naturaleza del Tao. A punto de
morir, varios discípulos que rodeaban su lecho
decidieron interrogarle sobre este punto. «Maestro,
te tenemos por el hombre más sabio y nos consta que
has penetrado en el conocimiento del Tao. ¿Podrías
decirnos en este momento qué es el Tao verdadero?»
El anciano abrió lentamente los ojos y, con una
sonrisa en los labios, contestó: "El Tao verdadero es
el Tao verdadero." Al instante murió.

Corresponde a cada cual interpretar esta res-
puesta como una postrera broma de un moribundo
divertido —el sentido del humor es considerado un

13

patrimonio de los maestros taoístas—, o si por el contrario esa frase, en principio evidente y absurda, contiene en sí misma una respuesta sólo asequible para una forma de conciencia más elevada y susceptible de experimentar un cambio cualitativo. Apunto esta posibilidad porque la historia termina afirmando que uno de los discípulos, al oír a su maestro, inmediatamente alcanzó él mismo la comprensión del Tao verdadero, cayendo en un estado de paz y plenitud tal que sus compañeros repararon al momento en ello. "Dinos qué ha ocurrido en ti que vemos esa expresión en tu rostro y esa calma en tu ánimo."

"He tenido la revelación del Tao verdadero", respondió.

"Si es así como dices, te rogamos que compartas con nosotros esa verdad que has alcanzado, ya que el Maestro no nos respondió de un modo satisfactorio."

El discípulo los miró, sonrió levemente, y dijo: "El Tao verdadero es el Tao verdadero."

SEBASTIÁN VÁZQUEZ JIMÉNEZ

TAO TE KING

1

Del Tao se puede hablar, pero no del Tao eterno.

Pueden nombrarse los nombres, pero no el Nombre eterno.

Como origen de cielo-y-tierra, no tiene nombre, pero, como «la Madre» de todas las cosas, se le puede nombrar.

Así pues, oculto desde siempre, hemos de contemplar su esencia interna.

Pero manifestándose continuamente, hemos de contemplar sus aspectos externos*.

Los dos fluyen de la misma fuente, aunque tengan nombres diferentes; y a ambos se les llama misterios.

El Misterio de los misterios es la Puerta de toda esencia.

---

* Se hace referencia al Ser-en Sí-mismo, todavía no manifestado, y a la Existencia o potencialidad del Ser ya manifestada. (*N. del T.*)

2

Cuando todo el mundo reconoce lo bello como bello, esto en sí mismo es fealdad.

Cuando todo el mundo reconoce lo bueno como bueno, esto en sí mismo es malo *.

Ciertamente, lo oculto y lo manifiesto se generan el uno al otro.

Dificultad y facilidad se complementan entre sí.

Lo largo y lo corto ponen de manifiesto a su contrario.

Alto y bajo establecen la medida mutua.

La voz y el sonido entre sí se armonizan.

El atrás y el delante se suceden mutuamente.

Por ello, el Sabio ** maneja sus asuntos sin actuar, y difunde sus enseñanzas sin hablar.

---

* Según el Génesis, el inicio de la distinción entre el bien y el mal, lo bello y lo feo, marca el inicio del «pecado original», es decir, de la separación y del comienzo de la dualidad. (*N. del T.*)

** El «Sabio» a lo largo de este texto se refiere a la persona que está en armonía con el Tao. (*N. del T.*)

No niega nada a las innumerables cosas.
Las construye sin atribuirse nada.
Hace su trabajo sin acumular nada por él.
Cumple su tarea sin vanagloriarse de ella, y, precisamente por no vanagloriarse, nadie se la puede quitar.

3

No ensalzando a las personas de talento, harás que la gente abandone la rivalidad y la discordia.

No valorando bienes difíciles de conseguir, harás que la gente deje de robar y atracar.

No exhibiendo lo que todos codician, harás que los corazones de la gente permanezcan serenos.

Por eso, la manera de gobernar del Sabio empieza por:

> vaciar el corazón de deseos,
> llenar los estómagos de alimento,
> debilitar las ambiciones
> y fortalecer los huesos.

De este modo, hará que la gente permanezca sin conocimientos ni deseos, y cuida de que los que saben no actúen.

Practica el No-Hacer, y todo será armonioso.

4

El Tao es como una taza vacía que, al usarse, nunca se puede llenar.

Insondable, parece ser el origen de todas las cosas.

Embota las aristas afiladas, deshace los enredos, armoniza todas las luces, une al mundo en un todo.

Oculto en las profundidades, parece existir eternamente.

Ignoro de quién es hijo; parece ser el antepasado común a todos, el padre de las cosas.

5

Cielo-y-Tierra* no tiene sentimientos; trata todas las cosas como perros de paja**.

El Sabio no tiene sentimientos; trata a toda su gente como perros de paja.

Entre el Cielo y la Tierra parece haber un Fuelle: está vacío, pero es inagotable; cuanto más trabaja, más sale de él:

Más vale buscarlo en tu interior.

---

* Cuando la expresión «Cielo-y-Tierra» es transcrita con guiones, se trata de una unidad, una sola palabra, y como tal los verbos que le sigan irán en singular. (*N. del T.*)

** En la china antigua se empleaban los perros de paja para ceremonias rituales. (*N. del T.*)

6

El Espíritu de la Fuente no muere.
Se llama lo Femenino Misterioso.
La Puerta de lo Femenino Misterioso es llamada Raíz de Cielo-y-Tierra.
Permaneciendo como hilos de araña, sólo tiene un indicio de existencia; mas cuando bebe de ésta, resulta inagotable.

7

El Cielo es eterno, y la Tierra permanece.

¿Cuál es el secreto de su eterna duración?

¿Acaso no viven eternamente porque no viven para sí mismos?

Por eso, el Sabio prefiere permanecer detrás, mas se encuentra al frente de los demás.

Se desprende de sí mismo, mas a sí mismo se encuentra a salvo y seguro.

¿Acaso no es por ser desinteresado por lo que se realiza su Ser?

8

La forma suprema de bondad es como el agua.

El agua sabe cómo beneficiar a todas las cosas sin combatir con ninguna.

Va a los lugares que todos desprecian.

Por ello, está cerca del Tao.

Al escoger tu morada, has de saber cómo no apartarte de la tierra.

Al cultivar tu mente, has de saber cómo bucear en las profundidades ocultas.

Al tratar con los demás, has de saber ser amable y bondadoso.

Al hablar, has de saber medir tus palabras.

Al gobernar, has de saber cómo mantener el orden.

Al administrar, has de saber ser eficaz.

Cuando actúes, has de saber escoger el momento oportuno.

Si no luchas contra nadie, estarás libre de todo reproche.

9

Para mantenerse en la plenitud, ¡cuánto mejor detenerse a tiempo!

Si continúas afilando y usando la espada, no durará mucho tiempo su filo.

Si llenas tu casa de oro y jade, no podrás protegerla continuamente.

Si acumulas riquezas y honores, sólo cosecharás calamidades.

Ésta es la Ley del Cielo:

¡Retírate una vez realizada tu labor!

10

Al mantener el espíritu y el aliento vital unidos, ¿puedes conservar su perfecta armonía?

Cuando unificas tu energía vital para alcanzar la flexibilidad, ¿has alcanzado el estado de un recién nacido?

Cuando purificas e iluminas tu visión interior, ¿la has limpiado de toda impureza?

Cuando amas a la gente y gobiernas tu estado, ¿eres capaz de administrar con inteligencia?

Al abrir y cerrar la puerta del cielo, ¿puedes emplear tu parte femenina?

Iluminado y en posesión de amplia y penetrante visión, ¿puedes permanecer a la vez en un no-hacer desapegado?

¡Engendra a tu gente!

¡Alimenta a tu gente!

¡Engendra a tu gente sin reclamarla como tuya¡

¡Haz tu trabajo sin acumular nada por ello!

¡Sé un líder, pero no un carnicero!

A esto se llama la Virtud escondida.

11

Treinta radios convergen en un solo centro;
Del agujero del centro depende el uso del carro.

Hacemos una vasija de un trozo de arcilla; es el espacio vacío de su interior el que le da su utilidad.

Construimos puertas y ventanas para una habitación; pero son estos espacios vacíos los que la hacen habitable.

Así, mientras que lo tangible tiene ventajas, es lo intangible de donde proviene lo útil.

12

Los cinco colores * ciegan el ojo.
Las cinco notas ** ensordecen el oído.
Los cinco sabores *** empalagan el paladar.
La carrera y la caza enloquecen la mente.
Los objetos preciosos tientan al hombre a hacer el mal.
Por eso, el Sabio cuida del vientre, y no del ojo.
Prefiere lo que está dentro a lo que está afuera

---

* Los cinco colores a los que se refiere el texto son el amarillo, el azul, el rojo, el blanco y el negro. (*N. del T.*)

** Las cinco notas son do, re, mi, sol, la, o los sonidos chinos gong, shang, jiao, zhi, yu. (*N. del T.*)

*** Los cinco sabores son: dulce, amargo, salado, agrio y picante. (*N. del T.*)

13

«Acoge la desgracia como agradable sorpresa, y estima la calamidad como a tu propio cuerpo.»

¿Por qué debemos «acoger la desgracia como agradable sorpresa»?

Porque un estado humilde es un favor: caer en él es una agradable sorpresa, ¡y también la es el remontarlo!

Por ello, debemos «acoger la desgracia como agradable sorpresa».

¿Por qué debemos «estimar la calamidad como a nuestro propio cuerpo»?

Porque nuestro cuerpo es la fuente misma de nuestras calamidades.

Si no tuviéramos cuerpo, ¿qué desgracias nos podrían suceder?

Así pues, sólo quien está dispuesto a entregar su cuerpo para salvar al mundo merece que se le confíe el mundo.

Sólo aquel que pueda hacerlo con amor es merecedor de ser administrador del mundo.

14

¡Míralo, pero no puedes verlo!
Su nombre es *Sin-Forma*.
¡Escúchalo, pero no puedes oírlo!
Su nombre es *Inaudible*.
¡Agárralo, pero no puedes atraparlo!
Su nombre es *Incorpóreo*.

Estos tres atributos son insondables; por ello, se funden en uno.

Su parte superior no es luminosa: su parte inferior no es oscura.

Continuamente fluye lo Innombrable, hasta que retorna al más allá del reino de las cosas.

La llamamos la Forma sin forma, la Imagen sin imágenes.

Lo llamamos lo indefinible y lo inimaginable.

¡Dale la cara y no verás su rostro!

¡Síguelo y no verás su espalda!

Pero, provisto del Tao inmemorial, puedes manejar las realidades del presente.

Conocer los orígenes es iniciarse en el Tao.

15

Los antiguos adeptos del Tao eran sutiles y flexibles, profundos y globales.

Sus mentes eran demasiado profundas para ser penetradas.

Siendo impenetrables, sólo podemos describirlos vagamente por su apariencia.

Vacilantes como alguien que atraviesa una corriente en invierno; tímidos como los que temen a los vecinos que les rodean;

Prudentes y corteses como un invitado; transitorios como el hielo a punto de fundirse; simples como un tronco no esculpido; profundos como una cueva; confusos como una ciénaga.

Y sin embargo, ¿qué otras personas podrían pasar tranquila y gradualmente de lo turbio a la claridad?

¿Quién, si no, podría pasar, con lentitud pero con constancia, de lo inerte a lo vivo?

Quien observa el Tao no desea estar lleno.

Mas, precisamente porque nunca está lleno, puede mantenerse siempre como un germen oculto, sin precipitarse por una prematura madurez.

16

Alcanza el supremo Vacío.

Abraza la paz interior con corazón decidido.

Cuando todas las cosas se agitan a la vez, sólo contemplo el Retorno.

Para florecer como lo hacen, cada una de ellas retornará a su raíz.

Retornar a su raíz es encontrar paz.

Encontrar paz es realizar el propio destino.

Realizar el propio destino es ser eterno.

A conocer lo Eterno se le llama Visión.

Si no se conoce lo Eterno, se sume uno ciegamente en la desgracia.

Si se conoce lo Eterno, todo se puede comprender y abarcar.

Si se puede comprender y abarcar todo, se es capaz de hacer justicia.

Ser justo es ser como un rey; ser como un rey es ser como el cielo.

Ser como el cielo es ser uno con el Tao; ser uno con el Tao es permanecer para siempre.

Alguien así estará a salvo y entero, incluso tras la desintegración de su cuerpo.

17

El mejor gobernante es aquel de cuya existencia la gente apenas se entera.

Después viene aquel al que se le ama y alaba.

A continuación, aquel al que se teme.

Por último, aquel al que se desprecia y desafía.

Si eres desconfiado, otros desconfiarán de ti.

El Sabio pasa desapercibido y ahorra las palabras.

Cuando su tarea ha sido cumplida y las cosas han sido acabadas, todo el mundo dice: «¡Somos nosotros los que las hemos hecho!»

18

Cuando se abandonó el Gran Tao, apareció la benevolencia y la justicia.

Cuando surgió la inteligencia y la astucia, aparecieron los grandes hipócritas.

Cuando los seis parentescos* perdieron su armonía, aparecieron la piedad filial y el amor paterno.

Cuando la oscuridad y el desorden empezaron a reinar en un país, aparecieron los funcionarios leales.

---

* Referencia a las relaciones entre padre, madre, hermano mayor, hermano menor, esposa e hijo. (*N. del T.*)

19

Renuncia a la sabiduría, abandona el ingenio, y la gente saldrá ganando con creces.

Renuncia a la benevolencia, abandona la justicia *, y la gente volverá a sus sentimientos naturales.

Renuncia a la astucia, abandona la agudeza, y los ladrones y malhechores dejarán de existir.

Éstos son los tres surcos del Tao, y no son suficientes en sí mismos.

Por ello, han de subordinarse a un Principio superior:

¡Ve lo Simple y abraza lo Primordial!

¡Disminuye el yo y modera los deseos!

---

* Se propone abandonar la vía de la civilización para retornar al estado armonía natural, para que las cosas se arreglen por sí solas. (*N. del T.*)

20

Cuando se abandona lo aprendido, desaparecen las contrariedades.

¿Qué diferencia hay entre «¡eh!» y «¡oh!» *

¿Qué distinción puede hacerse entre «bueno» y «malo»?

¿He de temer lo que los demás temen?

¡Vaya tremendo sinsentido!

Todo el mundo está alegre y sonriente, como si festejaran el sacrificio de un buey, como si subieran al Pabellón de Primavera; tan sólo yo permanezco tranquilo e impasible, como un recién nacido que todavía no ha sonreído.

Sólo yo estoy desamparado, como quien no tiene hogar al que volver.

Todo el mundo vive en la abundancia:

Sólo yo parezco no poseer nada.

---

* Referencia a la manera masculina de expresar la duda y a la femenina de expresar la sorpresa. (*N. del T.*)

¡Qué loco soy!
¡Qué mente más confusa tengo!
Todos son brillantes, ¡tan brillantes!
Sólo yo estoy oscuro, ¡tan oscuro!
Todos son agudos, ¡tan agudos!
Sólo yo estoy callado, ¡tan callado!
Suave como el océano, sin propósitos como las ráfagas del vendaval.

Todo el mundo está encauzado en lo suyo, sólo yo permanezco obstinado y marginal.

Pero en lo que soy más diferente a los demás ¡es en saber sustentarme de mi Madre! *

---

* En este caso, la Madre con mayúscula, se refiere al Tao, que en algunos casos ha sido traducido como «Vía», «Camino», «Sentido» y «Ley». En realidad, la palabra china «Tao» parte de la acepción «vía-dirección» para extenderse a «razón-verdad» o, en última instancia, al orden de las cosas que lo engloba todo. (*N. del T.*)

21

En la naturaleza de la Gran Virtud se halla seguir al Tao y sólo al Tao.

Pero, ¿qué es el Tao?

Es Algo esquivo e impreciso.

¡Esquivo e impreciso!, pero contiene en Su interior una Forma.

¡Esquivo e impreciso!, pero contiene en Su interior una Sustancia.

¡Sombrío y oscuro!, pero contiene en Su interior una Semilla de Vitalidad.

La Semilla de Vitalidad es muy real; contiene en Su interior una Sinceridad inagotable.

A través de los tiempos, Su Nombre ha sido preservado para recordar el Origen de todas las cosas.

¿Cómo conozco la naturaleza de todas las cosas en su Origen?

Por lo que está en mi interior.

22

Inclínate, y estarás completo; cúrvate, y serás enderezado.

Manténte vacío, y serás llenado.

Envejece, y serás renovado.

Si tienes poco, ganarás.

Si tienes mucho, estarás confuso.

Por ello, el Sabio abraza la Unidad, y se convierte en Modelo de todo cuanto se halla bajo el Cielo.

No se vanagloria, y por eso brilla; no se justifica, y por eso es conocido; no proclama sus capacidades, y por ello merece confianza; no exhibe sus logros, y por eso permanece.

No rivaliza con nadie, y por ello nadie compite con él.

Ciertamente, no son palabras vanas el antiguo dicho: «Inclínate, y estarás completo.»

Más aún: si has alcanzado realmente la plenitud, todas las cosas acudirán en tropel a ti.

23

Sólo las palabras simples y tranquilas maduran por sí mismas.

Un torbellino no dura toda la mañana, ni un chaparrón el día entero.

¿Quién los origina? ¡Cielo-y-Tierra!

Ni siquiera Cielo-y-Tierra puede hacer que fenómenos tan violentos duren mucho tiempo; ¿con cuánta más razón ocurre igual con los precipitados esfuerzos humanos?

Por ello, quien cultiva el Tao es uno con el Tao; quien practica la Virtud es uno con la Virtud; y quien corteja la Pérdida es uno con la Pérdida.

Ser uno con el Tao es un bienvenido acceso al Tao.

Ser uno con la Virtud es un bienvenido acceso a la Virtud.

Ser uno con la Pérdida es un bienvenido acceso a la Pérdida.

La falta de confianza por tu parte conlleva la falta de confianza por parte de los demás.

24

Quien se mantiene de puntillas no puede sostenerse.

Quien se sostiene a horcajadas no puede caminar.

Quien se exhibe a sí mismo no brilla.

Quien se justifica a sí mismo no obtiene honores.

Quien ensalza sus propias capacidades no tiene mérito.

Quien alaba sus propios logros no permanece.

En el Tao, estas cosas se llaman «alimento no deseado y tumores molestos», que son abominados por todos los seres.

Por ello, el hombre del Tao no pone en ellos su corazón.

25

Había Algo indefinido pero completo en sí mismo, nacido antes de Cielo-y-Tierra.

Silencioso e ilimitado, único e inmutable, aunque impregnándolo todo sin excepción, puede considerarse como la Madre del mundo.

No conozco su nombre; lo denomino «Tao»; y, a falta de mejor palabra, lo llamo «Lo Grande».

Ser grande es proseguir, proseguir es ir lejos, ir lejos es retornar.

Por ello, «el Tao es grande, el Cielo es grande, la Tierra es grande, el rey* es grande».

Así, el rey es uno de los cuatro grandes del Universo.

El hombre** se guía por las leyes de la Tierra.

---

* En este caso se refiere al «hombre», o ser humano en general, como «rey de la creación». Por eso, a continuación la palabra «rey» es sustituida por «hombre», tanto en el texto original como en la versión inglesa. (*N. del T.*)

** Véase nota anterior. *(N. del T.)*

La Tierra se guía por las leyes del Cielo, el Cielo se guía por las leyes del Tao, el Tao se guía por sus propias leyes.

26

Lo pesado es la raíz de lo ligero.

La serenidad es la dueña de la inquietud.

Por ello, el Sabio que viaja todo el día; no se deshace de su caravana*; aunque haya maravillosos paisajes para ver, permanece tranquilo en su propia casa.

¿Por qué un señor de diez mil carros expondría su ligereza al mundo?

Comportarse con ligereza es separarse de la propia raíz; agitarse es perder el dominio de sí.

---

* Tradicionalmente, en China los albergues eran muy austeros; por eso, las personas previsoras llevaban el máximo de equipaje consigo. (*N. del T.*)

27

El buen andar no deja huella tras sí; el buen hablar no deja marca que pueda criticarse; el buen cálculo no necesita el ábaco; el buen cerrar no precisa cerrojo ni tranca, pero nadie puede abrir lo cerrado; el buen atar no utiliza cuerdas ni nudos, pero nadie puede desatar lo atado.

Por ello, el Sabio siempre sabe cómo salvar a la gente, y por tanto, nadie es abandonado; siempre sabe cómo salvar las cosas, y por tanto, nada es desechado.

A esto se llama «seguir la guía de la Luz Interna».

Por ello, las personas buenas son maestras de las menos buenas, y éstas están a cargo de aquéllas.

No alegrarse de la propia tarea es equivocarse de camino, por muy inteligente que se sea.

Éste es un principio esencial del Tao.

28

Conoce lo masculino, manténte en lo femenino y sé el Arroyo del Mundo.

Ser el Arroyo del Mundo es caminar constantemente por el sendero de la Virtud sin desviarse del mismo, y retornar de nuevo a la infancia.

Conoce lo blanco, manténte en lo negro, y sé el Modelo del Mundo.

Ser el Modelo del Mundo es caminar constantemente por el sendero de la Virtud sin errar un solo paso, y retornar de nuevo a lo Infinito.

Conoce la gloria, manténte en la humildad, y sé la Fuente del Mundo.

Ser la Fuente del Mundo es vivir la vida fértil de la Virtud, y retornar de nuevo a la Simplicidad Primordial.

Cuando la Simplicidad Primordial se divide, se convierte en recipientes* útiles, que, en

---

* Se refiere a personas que, como vasijas de arcilla moldeables, pueden regresar en sus funciones. (*N. del T.*)

manos del Sabio, se transforman en funcionarios *.

Por ello, «un gran sastre da pocos cortes».

---

* En el sentido original de «servidores de la cosa pública». (*N. del T.*)

29

¿Pretende alguien conquistar el mundo y hacer lo que quiera con él?

No veo cómo podría tener éxito.

El mundo es un recipiente sagrado que no puede ser manipulado ni dominado.

Manipularlo es estropearlo, y dominarlo es perderlo.

De hecho, existe un tiempo para que todas las cosas vayan delante, y existe un tiempo para que vayan detrás; un tiempo para respirar despacio y otro para hacerlo deprisa; un tiempo para crecer en fortaleza y otro para declinar; un tiempo para subir y otro para bajar.

Por ello, el Sabio evita los extremos, los excesos y las extravagancias.

30

Quien sabe guiar al gobernante en el sendero del Tao no intenta dominar el mundo mediante la fuerza de las armas.

Está en la naturaleza de las armas militares volverse contra quienes las manejan.

Donde acampan ejércitos, crecen zarzas y espinos.

A una gran guerra, invariablemente suceden malos años.

Lo que quieres es proteger eficazmente tu propio estado, pero no pretender tu propia expansión.

Cuando has alcanzado tu propósito, no debes exhibir tu triunfo, ni jactarte de tu capacidad, ni sentirte orgulloso; más bien debes lamentar no haber sido capaz de impedir la guerra.

No debes pensar nunca en conquistar a los demás por la fuerza.

Pues expandirse excesivamente es precipitar el decaimiento, y esto es contrario al Tao, y lo que es contrario al Tao pronto dejará de existir.

31

Sofisticadas armas de guerra presagian calamidad.

Incluso cosas y seres las odian.

Por ello, la persona que observa el Tao no pone su corazón en ellas.

En la vida diaria, un noble considera la izquierda como el lugar de honor:

En la guerra, es la derecha el lugar de honor.

Siendo las armas instrumentos de infortunio, no son los instrumentos adecuados del noble;

Sólo por necesidad recurrirá a ellas, pues la paz y la calma es lo que más aprecia su corazón, y para él cada victoria no es motivo de regocijo.

Alegrarse de la victoria es ¡alegrarse de la matanza de seres humanos!

Por esto, un hombre que se alegra de la matanza de seres humanos no puede pretender prosperar en el mundo de los seres humanos.

En ocasiones festivas, se prefiere la izquierda, en ocasiones desdichadas, se prefiere la derecha.

Esto significa que la guerra se compara a un servicio funerario.

Cuando ha sido matada mucha gente, sólo es justo que los supervivientes lloren por los muertos.

Por esto, incluso una victoria es un funeral.

32

El Tao carece eternamente de nombre.

Aunque pequeño en su Simplicidad Primordial, no es inferior a nada en el mundo.

Con que sólo un gobernante pudiera atenerse a él, todas las cosas le rendirían homenaje.

Cielo y Tierra se armonizarían y harían llover un suave rocío.

La paz y el orden reinaría entre los pueblos, sin necesidad de órdenes superiores.

Una vez dividida la Simplicidad Primordial, aparecieron los diferentes nombres.

¿Acaso no existen hoy día suficientes nombres?

¿No ha llegado ya el momento de parar?

Saber cuándo hay que hacerlo es preservarnos del peligro.

El Tao es al mundo lo que un gran río o un océano es a los ríos y a los arroyos.

33

Quien conoce a los demás es inteligente.

Quien se conoce a sí mismo tiene visión interna.

Quien conquista a los demás tiene fuerza; quien se conquista a sí mismo es realmente poderoso.

Quien sabe cuándo ha obtenido bastante es rico, y quien sigue asiduamente el sendero del Tao es alguien de propósito constante.

Quien permanece en el lugar en el que ha encontrado su verdadera casa vive mucho tiempo, y quien muere, pero no perece, goza de la auténtica longevidad.

34

El Gran Tao es universal como una corriente.

¿Cómo puede ser desviado a la derecha o a la izquierda?

Todas las criaturas dependen de él, y no niega nada a nadie.

Lleva a cabo su labor, pero no se la atribuye.

Todo lo viste y alimenta, pero no se enseñorea sobre nada:

Así, puede ser llamado «lo Pequeño».

Todas las cosas retornan a él como a su hogar, pero no se erige en su dueño:

Así, puede ser llamado «lo Grande».

Precisamente porque no desea ser grande, su grandeza se realiza plenamente.

35

Quien está en posesión del Gran Símbolo atrae todas las cosas hacia sí.

Acuden en tropel a él sin recibir ningún daño, porque en él encuentran paz, seguridad y felicidad.

La música y los manjares sólo pueden hacer que el huésped de paso haga un alto.

Pero las palabras del Tao poseen efectos duraderos, aunque sean suaves y sin sabor, aunque no atraigan la vista ni el oído.

36

Lo que ha de ser al final contraído, tiene que ser primero dilatado.

Lo que ha de ser al final debilitado, tiene que ser primero fortalecido.

Lo que ha de ser al final desechado, comienza por ser primero ensalzado.

Lo que ha de ser al final despojado, comienza primero por ser dotado.

Aquí radica la sutil sabiduría de la vida:

Lo blando y lo débil triunfa sobre lo duro y lo fuerte.

Lo mismo que el pez no debe abandonar las profundidades, el gobernante no debe mostrar sus armas *.

---

* En el sentido de «no mostrar sus recursos». (*N. del T.*)

37

El Tao nunca lleva a cabo ninguna acción, pero no deja nada por hacer.

Si un gobernante puede atenerse a él, todas las cosas se desarrollan por sí mismas.

Cuando se han desarrollado y tienden a agitarse, es tiempo de mantenerlas en su lugar con la ayuda de la innombrable Simplicidad Primordial; sólo ella puede moderar los deseos humanos.

Cuando los deseos humanos son moderados, se produce la paz, y el mundo se armoniza por su propio acuerdo.

38

La Virtud máxima no es virtuosa; por ello tiene Virtud *.

La Virtud mínima nunca se libra a sí misma de ejercitarse; por ello no tiene Virtud.

La Virtud máxima no hace ostentación, ni tiene intereses personales que servir.

La compasión máxima hace ostentación, pero no tiene intereses personales que servir:

La moral máxima no sólo hace ostentación, sino que tiene además intereses personales que servir.

El ritual máximo hace ostentación pero no encuentra respuesta; entonces intenta imponerse por la fuerza.

---

* Algunas versiones explicitan que: «La gran virtud no se precia de virtuosa», o que: «El hombre de máxima virtud no expresa su virtud», o le dan una forma y sentido diferentes: «Quien aprecia mucho la Vida, nada sabe de ella, por eso la posee». (*N. del T.*)

Cuando se pierde el Tao, se recurre a la virtud.

Cuando se pierde la Virtud, se recurre a la compasión.

Cuando se pierde la compasión, se recurre a la moral.

Cuando se pierde la moral, se recurre al ritual.

Ahora bien, el ritual es sólo la apariencia de la fe y de la lealtad; es el principio de toda la confusión y el desorden.

La presciencia es sólo la flor del Tao, y el principio de la necedad.

Por ello, el ser realizado pone su corazón en la sustancia más que en la apariencia; en el fruto más que en la flor.

Sinceramente, prefiere lo que está dentro a lo que está fuera.

39

De las cosas antiguas no faltan las que alcanzaron la Unidad *.

El cielo alcanzó la Unidad y se hizo diáfano; la tierra alcanzó la Unidad y se volvió tranquila; los espíritus alcanzaron la Unidad y se llenaron de poderes místicos; los manantiales alcanzaron la Unidad y quedaron colmados; las diez mil criaturas alcanzaron la Unidad y pudieron reproducirse; los señores y príncipes alcanzaron la Unidad y se convirtieron en gobernantes soberanos del mundo.

Todos ellos son lo que son en virtud de la Unidad.

Si el cielo no fuera diáfano, estallaría en pedazos; si la tierra no estuviera tranquila, se derrumbaría en fragmentos; si los manantiales no

---

* En este caso, la palabra «Unidad» podría ser traducida también por el «el Tao» o el «Uno». (*N. del T.*)

estuvieran colmados, se secarían; si los espíritus no estuvieran llenos de poderes místicos, dejarían de existir; si las diez mil criaturas no pudieran reproducirse, llegarían a extinguirse; si los señores y príncipes no fueran los gobernantes soberanos, vacilarían y caerían.

En verdad, la humildad es la raíz de la que brota la grandeza, y lo elevado ha de construirse sobre los cimientos de lo humilde.

Es por esto por lo que señores y príncipes se denominan a sí mismos «El Desvalido», «El Ignorante» y «El Indigno».

Tal vez, ellos también se dan cuenta de que dependen de lo humilde.

En verdad, demasiado honor equivale a ningún honor.

No es de sabios brillar como jade ni resonar como los sonajeros de piedras.

40

El movimiento del Tao consiste en el Retorno.
El uso del Tao consiste en la suavidad.
Todas las cosas bajo el cielo han nacido de lo corpóreo:
Lo corpóreo ha nacido de lo Incorpóreo.

41

Cuando un estudioso sabio oye hablar del Tao, lo practica con diligencia.

Cuando un estudioso mediocre oye hablar del Tao, oscila entre la fe y la incredulidad.

Cuando un estudioso sin valor oye hablar del Tao, se ríe a carcajadas de él.

Pero si personas como ésta no se rieran de él, ¡el Tao no sería el Tao!

Los sabios de la antigüedad han dicho verdaderamente:

> El Camino claro parece oscuro.
> El Camino progresivo parece regresivo.
> El Camino suave parece abrupto.
> La Virtud superior parece un abismo.
> La gran Blancura parece maculada.
> La exuberante Virtud parece incompleta.
> La Virtud establecida parece harapienta.
> La Virtud sólida parece fundida.
> La gran Cuadratura no tiene esquinas.

Los grandes talentos maduran tardíamente.
El gran Sonido es silencioso.
La gran Forma carece de forma.

El Tao está oculto y no tiene nombre; pero sólo él sabe cómo ayudar y completar.

42

El Tao dio a luz al Uno, el Uno dio a luz al Dos, el Dos dio al luz al Tres, el Tres dio a luz a las innumerables cosas.

Las innumerables cosas llevan el *Yin* a sus espaldas y abrazan el *Yang*, y su armonía vital deriva de la mezcla adecuada de los dos Alientos vitales *.

¿Qué puede ser más detestado por los hombres ** que ser «desvalidos», «ignorantes» e «indignos»?

Y sin embargo, éstos son los mismos nombres que los príncipes y señores se dan a sí mismos.

---

* «Los dos alientos vitales» se refiere a la inspiración y a la espiración. *(N. del T.)*

** El término «hombres» se utiliza en el sentido de «seres humanos», «personas», abarcando a hombres y mujeres. En los casos en que se ha dejado la palabra «hombres» (tanto en plural como en singular) se ha hecho para evitar un anacronismo y respetar el ritmo literario-poético del texto. *(N. del T.)*

En verdad, se puede ganar a través de la pérdida, y se puede perder a través de la ganancia.

Dejadme repetir lo que alguien me ha enseñado: «Una persona violenta acabará con un fin violento.»

Cualquiera que afirme esto puede ser mi padre y maestro.

43

La más blanda de todas las cosas supera la más rígida de todas ellas.

Sólo la Nada penetra en donde no hay espacio.

Por esto conozco las ventajas del No-Hacer.

Pocas cosas bajo el cielo son tan instructivas como las lecciones del Silencio, o tan beneficiosas como los frutos del No-Hacer.

44

¿Qué es más querido: tu nombre o tu cuerpo?

¿Qué es más apreciado: tu cuerpo o tu salud?

¿Qué es más doloroso: la ganancia o la pérdida?

Así pues, un excesivo amor por cualquier cosa te costará más al final.

Acumular demasiados bienes te acarreará cuantiosas pérdidas.

Saber cuándo se tiene suficiente supone estar inmune a la desgracia.

Saber cuándo detenerse supone preservarse de los peligros.

Sólo de esta manera podrás vivir mucho tiempo.

45

La mayor de las perfecciones parece imperfecta, pero su ejercicio es inagotable.

La mayor plenitud parece vacía, pero su función es imperecedera.

La mayor rectitud parece torcida.

La mayor habilidad parece torpeza.

La mayor elocuencia suena tartamuda.

El movimiento vence al frío, pero la calma vence al calor.

Lo pacífico y sereno es la Norma del Mundo.

46

Cuando el mundo está en posesión del Tao, los corceles son llevados para fertilizar los campos con sus excrementos.

Cuando el mundo se queda sin Tao, los caballos de guerra se alimentan en los arrabales.

No hay mayor calamidad que no saber cuándo es suficiente.

No hay mayor defecto que la codicia.

Sólo quien sabe cuándo es suficiente tendrá siempre bastante.

47

Sin salir más allá de tu puerta, puedes conocer los asuntos del mundo.

Sin espiar a través de las ventanas, puedes ver el Camino del Cielo.

Cuanto más lejos vas, menos conoces.

Así pues, el Sabio conoce sin viajar, ve sin mirar, y logra sin Actuar.

48

Aprender consiste en acumular conocimiento día a día; la práctica del Tao consiste en reducirlo día a día.

Sigue reduciendo y reduciendo hasta alcanzar el estado de No-Hacer.

No-Hagas, y, sin embargo, nada queda sin hacer.

Para ganar el mundo, se debe renunciar a todo.

Si se tiene todavía intereses personales que servir, nunca se será capaz de ganar el mundo.

49

El Sabio no tiene intereses propios, pero hace suyos los intereses de la gente. Es bondadoso con los que son bondadosos; también es bondadoso con quienes no lo son:

Pues la Virtud es bondadosa; también confía en los que no merecen confianza:

Pues la Virtud es confiada.

En medio del mundo, el Sabio es tímido y modesto.

En beneficio del mundo, mantiene su corazón en su estado impreciso *.

Todo el mundo esfuerza sus ojos y oídos: el Sabio sólo sonríe como un niño divertido.

---

* No determina su corazón de una vez por todas, sino que está abierto a cada momento en el presente, sin verse determinado por el pasado. (N. *del T.*)

50

Cuando se está fuera de la Vida, se está en la Muerte.

Trece son los compañeros de la Vida; trece son los compañeros de la Muerte; y cuando una persona viva penetra en el Reino de la Muerte, trece son también sus compañeros. ¿Por qué ocurre esto? Porque se apegan demasiado a los recursos de la Vida.

Se dice que quien sabe cómo vivir no encuentra tigres ni búfalos salvajes en su camino, y sale del campo de batalla sin ser herido por las armas de guerra. Pues no halla en él lugar en el que clavar sus cuernos el búfalo, ni nada donde hincar sus garras el tigre, ni parte donde hacer blanco un arma de guerra. ¿Cómo puede ser esto? Porque en él no hay sitio para la Muerte.

51

El Tao les da la vida, la Virtud las sustenta,
la Materia les da forma, el Entorno las perfecciona.

Por ello, todas las cosas * sin excepción veneran el Tao y rinden homenaje a la Virtud.

Nadie les ha ordenado venerar el Tao y rendir homenaje a la Virtud, pero siempre lo hacen de manera espontánea.

Es el Tao el que les da la vida:

Es la Virtud la que las sustenta, las hace crecer, las conserva, las protege, las alienta, las alimenta y las cubre bajo sus alas.

---

* «Las cosas» incluyen a todo lo que existe, seres animados e inanimados. La mayoría de las versiones emplean la palabra «seres», que sólo abarca todo lo existente si se dota de «ánima» a toda la materia (piedras, ríos, herramientas y construcciones humanas...). Sería más preciso traducir «cosas y seres», pero se perdería ritmo poético, el estilo sincopado y paradójico del *Tao Te King*. (*N. del T.*)

Dar la vida sin atribuirse nada, hacer la propia labor sin acumular nada por ello, ser un líder, no un carnicero, a esto se llama la Virtud escondida.

52

Todo cuanto se encuentra bajo el Cielo tiene un Origen común.

Este Origen es la Madre del mundo.

Tras conocer a la Madre, podemos empezar a conocer a sus hijos.

Tras conocer a los hijos, debemos retornar y preservar a la Madre.

Quien lo hace no correrá peligro, aunque su cuerpo sea aniquilado.

¡Bloquea todos los pasajes!

¡Cierra todas las puertas!

Y al final de tus días no estarás rendido.

¡Abre los pasajes!

¡Multiplica tus actividades!

Y al final de tus días permanecerás indefenso.

Ver lo pequeño es tener visión interna.

Preservar la debilidad es ser fuerte.

Utiliza las luces, pero vuelve a tu visión interna.

No atraigas desgracias sobre ti.

Ésta es la manera de cultivar lo Inmutable.

53

Si poseyera tan sólo el más pequeño grano de sabiduría, andaría por el Gran Camino, y mi único miedo sería desviarme de él.

El Gran Camino es muy llano y recto, aunque la gente prefiere senderos tortuosos.

La corte es muy limpia y está bien provista, aunque los campos están yermos y llenos de malas hierbas; ¡y los graneros están completamente vacíos!

Llevan ropas lujosas, portan afiladas espadas, se hartan de comida y bebida, ¡poseen más riquezas de las que pueden disfrutar! ¡son los heraldos del latrocinio!

En cuanto al Tao, ¿qué pueden saber de él?

54

Lo que está bien plantado no puede desenraizarse.

Lo que está bien ceñido no puede soltarse.

Tus descendientes harán ofrendas a los antepasados de generación en generación.

Cultiva la Virtud en tu propia persona y se convertirá en una verdadera parte de ti.

Si la cultivas en la familia, permanecerá.

Si la cultivas en la comunidad, vivirá y crecerá.

Si la cultivas en el estado, florecerá abundantemente.

Si la cultivas en el mundo, se volverá universal.

Por ello, una persona debe ser juzgada como persona; una familia como familia; una comunidad como comunidad; un estado como estado.

¿Cómo puedo conocer el mundo?

Por lo que se halla en mi interior.

55

Quien está anclado en la Virtud es como un recién nacido.

Las avispas y las serpientes venenosas no le pican, ni le atacan los animales feroces, ni las aves rapaces se abalanzan sobre él.

Sus huesos son tiernos, blandos sus tendones, pero se agarra firmemente.

No ha conocido la unión del macho y la hembra, mas crece en toda su plenitud, y conserva su vitalidad con perfecta integridad.

Grita y llora todo el día sin enronquecer, porque encarna la perfecta armonía.

Conocer la armonía es conocer lo Inmutable.

Conocer lo Inmutable es tener visión interna.

Precipitar el crecimiento de la vida es nefasto.

Controlar la respiración a voluntad es violentarla.

Crecer de más es envejecer.

Todo esto es contrario al Tao, y lo que es contrario al Tao pronto deja de existir.

56

El que sabe no habla.
El que habla no sabe.
¡Bloquea todos los pasajes!
¡Cierra todas las puertas!
¡Mella los filos!
¡Deshaz los nudos!
¡Armoniza todas las luces!
¡Une al mundo en un todo!
A esto se llama la Totalidad Misteriosa, a la que no puedes cortejar ni rechazar, beneficiar ni dañar, enaltecer o humillar.

Por ello, es lo más Elevado del mundo.

57

Se gobierna un reino mediante leyes ordinarias; se hace una guerra con movimientos extraordinarios; pero se gana el mundo dejándolo estar.

¿Cómo sé que esto es así? ¡Por lo que se halla en mi interior!

Cuantos más tabúes y prohibiciones haya en el mundo, más pobre se hace la gente.

Cuantas más afiladas sean las armas que la gente posee, mayor confusión reina en el país.

Cuanto más listas y astutas sean las gentes, con mayor frecuencia suceden cosas extrañas.

Cuanto más completas se promulguen leyes y decretos, más malhechores y ladrones aparecen.

Por ello, el Sabio dice:

Yo no actúo, y la gente se transforma sola.

Amo la quietud, y la gente se encauza de manera natural.

No emprendo ningún negocio, y la gente prospera.

No tengo deseos, y la gente retorna a la Simplicidad.

58

Cuando el gobernante es discreto, el pueblo es simple y feliz.

Cuando el gobernante es perspicaz, el pueblo es astuto e infeliz.

La desdicha es lo que la dicha presiona, la dicha es lo que la desdicha esconde.

¿Quién puede conocer el final definitivo de este proceso?

¿Acaso no existe una norma de justicia?

Pero lo que es normal pronto se convierte en anormal, y lo que es propicio pronto se vuelve de mal augurio; durante mucho tiempo ha estado la gente en un dilema.

Por ello, el Sabio cuadra las cosas sin cortar, esculpe sin desfigurar, endereza sin forzar, y esclarece sin deslumbrar.

59

Para gobernar al pueblo y servir al Cielo, no hay nada como la sobriedad.

Ser sobrio es retornar antes de andar errante.

Retornar antes de andar errante es poseer una doble reserva de Virtud.

Poseer una doble reserva de Virtud es superar todas las cosas.

Superar todas las cosas es alcanzar una altura invisible.

Sólo quien ha alcanzado una altura invisible puede tener un reino.

Sólo quien ha conseguido a la Madre del reino puede perdurar mucho tiempo.

Ésta es la manera de estar profundamente enraizado y firmemente establecido en el Tao, el secreto de la larga vida y de la visión duradera.

60

Gobernar un gran reino es como cocinar un pescado pequeño. Cuando se gobierna el mundo conforme al Tao, los demonios carecen de poderes espirituales. No sólo los demonios carecen de poderes espirituales, sino que los espíritus mismos no pueden dañar a la gente. No sólo los espíritus no pueden dañar a la gente, sino que el Sabio mismo no daña a su pueblo. Si tan sólo el gobernante y sus súbditos se reprimieran de dañarse mutuamente, se acumularían en el reino todos los beneficios de la vida.

61

Un gran reino es como un valle en el que todos los ríos confluyen. Es el Depósito de todo lo que existe bajo el cielo, lo Femenino del mundo.

Lo Femenino siempre conquista a lo Masculino mediante la quietud, rebajándose a sí mismo a través de ésta.

Por ello, si un gran país puede rebajarse a sí mismo ante un país pequeño, lo ganará; si un pequeño país se rebaja ante un país grande, lo ganará. El primero gana inclinándose; el segundo permaneciendo humilde.

Lo que quiere un gran país es simplemente abarcar más gente; y lo que quiere un pequeño país es llegar a servir a su protector. De esta manera, cada uno de ellos consigue lo que quiere, aunque corresponde al gran país mantenerse humilde.

62

El Tao es el Depósito oculto de todas las cosas.

Es un tesoro para la persona honrada, es una salvaguardia del error.

Una buena palabra encontrará su propio mercado.

Una buena obra puede servir como regalo para otro.

Que un hombre haya errado el buen camino no es razón para ser apartado.

Por ello, en la Entronización de un Emperador, o en el nombramiento de tres ministros, deja a los demás ofrecer sus discos de jade, precediendo a sus cuadrillas de caballos.

Es mejor para ti ofrecer el Tao ¡sin mover los pies!

¿Por qué los antiguos apreciaban el Tao?

¿No es porque, en virtud del mismo, el que busca encuentra, y la culpa es olvidada?

Por esto es un tesoro inigualable para el mundo.

63

Practica el No-Hacer.
Esfuérzate por el no-esfuerzo.
Saborea lo que no tiene sabor.
Ensalza lo humilde.
Multiplica lo poco.
Recompensa la injuria con bondad.
Corta el problema en su brote.
Siembra lo grande en lo pequeño.
Las cosas difíciles del mundo sólo pueden abordarse cuando son fáciles.

Las cosas grandes del mundo sólo pueden realizarse prestando atención a sus comienzos pequeños.

Así pues, el Sabio nunca tiene que luchar a brazo partido con grandes cosas, aunque ¡sólo él es capaz de realizarlas!

Quien promete a la ligera no es fiable.

Quien piensa que todo es fácil acabará encontrando todo difícil.

Por ello, el Sabio, al considerar difícil cada cosa, no encuentra dificultades al final.

64

Lo que está en reposo es fácil de retener.

Lo que no manifiesta augurios es fácil de predecir.

Lo que es frágil se rompe fácilmente.

Lo que es pequeño es fácil de dispersar.

Resuelve los problemas antes de que aparezcan.

Cultiva la paz y el orden antes de que se instalen la confusión y el desorden.

Un árbol del grosor del abrazo de un hombre nace de un minúsculo brote.

Una torre de seis pisos comienza con un montículo de tierra.

Un viaje de mil leguas comienza en donde están tus pies.

Quien actúa en cualquier asunto lo echa a perder.

Quien agarra cualquier cosa la pierde.

El Sabio no actúa en ningún asunto, y, por tanto, nada echa a perder.

No agarra nada, y, por tanto, nada pierde.

Al manejar sus asuntos, la gente suele estropearlos justo al borde de su culminación.

Prestando total atención al principio y con paciencia al final, nada se echa a perder.

Por ello, el Sabio desea carecer de deseos, no codicia los bienes de difícil alcance, aprende a desaprender lo que ha aprendido, e induce a las masas a retornar por donde ya han pasado.

Sólo ayuda a todas las criaturas a encontrar su verdadera naturaleza, pero no osa conducirlas por la punta de la nariz.

65

En tiempos antiguos, los que estaban versados en la práctica del Tao no intentaban instruir a la gente, sino mantenerla en el estado de simplicidad. Entonces, ¿por qué es el pueblo tan difícil de gobernar? ¡Porque es demasiado inteligente! Por ello, el que gobierna a su estado mediante la inteligencia es un malhechor; pero quien lo gobierna sin recurrir a la inteligencia es su benefactor. Conocer estos principios es poseer una norma y una medida. Mantener constantemente en tu mente la norma y la medida es lo que llamamos la Virtud Mística. ¡Vasta y profunda es la Virtud Mística! Lleva todas las cosas a retornar, ¡hasta que vuelven a la Gran Armonía!

66

¿Cómo se convierte el mar en el rey de todos los ríos?

¡Porque está más abajo que ellos!

Por ello es el rey de todos los ríos.

En consecuencia, el Sabio gobierna a la gente rebajándose en su discurso; y la dirige poniéndose detrás.

Así pues, cuando el Sabio está sobre la gente, ésta no siente su peso; y cuando está al frente, nadie se siente herido.

Por lo tanto, todo el mundo está contento de facilitar su progreso sin cansarse de él.

Como no lucha contra nadie, nadie puede luchar jamás contra él.

67

Todo el mundo dice que mi Tao* es grande, aunque parece lo más extraño del mundo. ¡Pero es simplemente porque mi Tao es grande, por lo que no se parece a nada en la tierra! Si fuera comparable a cualquier cosa sobre la tierra, ¡qué pequeño habría sido desde el principio!

Tengo Tres Tesoros que guardo con cuidado y vigilo estrechamente. El primero es la *Compasión*. El segundo es la *Sobriedad*. El tercero es *No osar ser el primero en el mundo*. Porque soy compasivo, puedo ser valiente. Porque soy sobrio, puedo ser generoso. Porque no oso ser el primero, puedo ser el capitán de todos los barcos.

Si una persona quiere ser valiente sin ser primero compasiva, generosa sin ser antes sobria,

---

* En este caso, la palabra Tao podría sustituirse por «doctrina». (*N. del T.*)

líder sin estar dispuesta primero a seguir a otros, ¡sólo está cortejando a la muerte!

La compasión por sí misma puede ayudarte a ganar una guerra. La compasión por sí misma puede ayudarte a defender tu estado. Porque el Cielo acudirá al rescate de los compasivos y los protegerá con *su* compasión.

68

Un buen soldado nunca es agresivo; un buen guerrero nunca es irascible.

La mejor manera de conquistar a un enemigo es ganarle sin enfrentarse a él.

La mejor manera de emplear a alguien es servir bajo sus órdenes.

¡A esto se llama la virtud de la no-lucha!

¡A esto se llama emplear las capacidades de los hombres!

¡A esto se llama estar casado con el Cielo desde siempre!

69

Los estrategas tienen un dicho: no me atrevo a ser el anfitrión, sino el invitado *; no me atrevo a avanzar ni un centímetro, sino que prefiero retirarme un paso.

A esto se llama avanzar sin moverse, arremangarse las mangas sin desnudarse los brazos, capturar al enemigo sin enfrentarse a él, sostener un arma que es invisible.

No hay peor desgracia que subestimar la fuerza de tu enemigo.

Ya que subestimar la fuerza de tu enemigo es perder tu tesoro.

Por ello, cuando se enfrentan tropas en el campo de batalla, la victoria pertenece a la parte más afligida.

---

* Según *El arte de la guerra,* de Sun Tzu, Edaf, Madrid, 1993, ser el «invitado» en lugar del «anfitrión» significaría no tomar la iniciativa, sino adaptarse a los movimientos del adversario. (*N. del T.*)

70

Mis palabras son muy fáciles de entender, pero muy difíciles de practicar:

Aunque el mundo no pueda entenderlas ni practicarlas, mis palabras tienen un Antecesor; mis obras tienen un Dueño*.

La gente no lo sabe.

Por ello, no me conocen.

Cuantas menos son las personas que me conocen, más nobles hace a las que me siguen.

Por ello, el Sabio lleva burdas ropas, mientras que guarda un jade en su pecho.

---

* En ambos casos se refiere al Tao que la gente ignora. (*N. del T.*)

71

Darse cuenta de que nuestro conocimiento es ignorancia, es una noble comprensión interna.

Considerar nuestra ignorancia como conocimiento es enfermedad mental.

Sólo cuando nos cansamos de nuestra enfermedad, dejamos de estar enfermos.

El sabio no está enfermo, por estar cansado de la enfermedad.

Éste es el secreto de la salud.

72

Cuando la gente ya no teme tu poder es se-
ñal de que está llegando un gran poder.

No interfieras a la ligera en sus hogares, ni les
impongas pesadas cargas.

Sólo si dejas de abatirlos, dejarán de estar
abatidos por tu causa.

Por ello, el Sabio se conoce a sí mismo, pero
no se vanagloria; se ama a sí mismo, pero no se
alaba.

Prefiere lo que está dentro a lo que está fuera.

73

Quien es valiente de manera temeraria, perecerá; quien es valiente sin temeridad, sobrevivirá.

De estas dos clases de valor, una es benéfica y la otra dañina.

Algunas cosas son detestadas por el Cielo.

Mas ¿quién conoce la razón?

Incluso el sabio se desconcierta ante tal cuestión.

El Camino del Cielo es conquistar sin luchar, dar respuestas sin hablar, atraer a la gente sin llamar, actuar conforme a los planes sin premura.

Vasta es la red del cielo, entrelazada con amplias mallas y, sin embargo, nada se escapa entre ellas.

74

Cuando la gente ya no teme a la muerte, ¿por qué se asustaría de su espectro?

Si pudieras hacer que las personas siempre temieran a la muerte, mas persistieran en violar la ley, podrías con razón detenerlas y ejecutarlas, ¿quién se atrevería entonces a violar la ley?

¿No está siempre ahí el Gran Ejecutor para matar?

Matar, para el Gran Ejecutor, es como cortar madera para el maestro carpintero, y desde luego serás afortunado ¡si no te hieres en tu propia mano!

75

¿Por qué se muere el pueblo de hambre?
Porque los de arriba les gravan con exceso.
Por ello se está muriendo.
¿Por qué es el pueblo difícil de gobernar?
Porque los de arriba intervienen demasiado y
sirven a sus intereses personales.
Por ello es difícil de gobernar.
¿Por qué el pueblo se toma la muerte a la
ligera?
Porque los de arriba llevan una vida lujosa.
Por ello se toma la muerte a la ligera.
¡El pueblo no tiene sencillamente de qué
vivir!
¡Saben cosas mejores que hacer que valorar
una vida así!

76

Cuando una persona está viva, es blanda y flexible.

Cuando está muerta, se vuelve dura y rígida.

Cuando una planta está viva, es blanda y tierna.

Cuando está muerta, se vuelve marchita y seca.

Por ello, lo duro y lo rígido son compañeros de lo muerto: lo blando y lo flexible son compañeros de lo vivo.

Así pues, un ejército poderoso tiende a caer por su propio peso, al igual que la madera seca está lista para el hacha.

Lo grande y poderoso será colocado abajo; lo humilde y débil será honrado.

77

Tal vez, la Ley del Cielo pueda compararse al estiramiento de un arco. La parte da arriba se hunde y la de abajo se eleva. Si la cuerda del arco es demasiado larga, se corta; si es demasiado corta, se añade.

La Ley del Cielo disminuye lo excesivo y completa lo insuficiente. La ley del hombre es diferente: toma de lo insuficiente para aportarlo a lo excesivo. ¿Quién excepto el hombre del Tao puede poner sus riquezas sobrantes al servicio del mundo? ʹ

Por ello, el Sabio efectúa su trabajo sin acumular nada, y realiza su labor sin aferrarse a ella. No quiere que sus méritos sean vistos.

78

Nada en el mundo es más blando y débil que el agua; mas ¡no hay nada como el agua para erosionar lo duro y lo fuerte!, pues nada puede reemplazarla.

Que lo débil venza a lo fuerte y lo blando venza a lo duro, es algo que todos conocen pero que nadie practica.

Por ello, el Sabio dice:

Recibir la suciedad de un país es ser el señor de sus templos.

Cargar con las desgracias de un país es ser el príncipe del mundo.

Ciertamente, ¡la Verdad parece su opuesto!

79

Cuando se cura una gran herida, siempre queda una llaga.

¿Acaso puede ser esto deseable?

Por ello, el Sabio, aun teniendo la peor parte de un acuerdo, cumple con su parte convenida, y no se querella contra los demás.

La persona virtuosa cumple con su deber; la persona sin virtud sólo sabe imponer cargas a los demás.

La Vía del Cielo carece de afectos personales, pero siempre se halla en armonía con las personas bondadosas.

80

¡Ay del pequeño país con poca población! Aunque posea aparatos mecánicos eficaces, la gente no los utiliza. Deja que se preocupe de la muerte y se abstenga de emigrar a lugares lejanos. Tal vez haya todavía carros y barcos, armas y armaduras, pero ninguna ocasión de utilizarlas ni exhibirlas. Deja al pueblo volver a comunicarse anudando cuerdas*. Procura que esté contento con su comida, complacido con su ropa, satisfecho con sus casas y siga acostumbrado a sus maneras sencillas de vida. Aunque pueda haber otro país en la vecindad, tan cercano que ambos están a la vista el uno del otro, y pueden oírse recíprocamente el canto de sus gallos y el ladrido de sus perros, no existen relaciones, y a lo largo de sus vidas los dos pueblos no tienen nada que ver entre sí.

---

* En la China antigua, las cuerdas anudadas servían como escritura para trasmitir mensajes como los «quipus» incaicos. (*N. del T.*)

81

Las palabras sinceras no son agradables, las palabras agradables no son sinceras.

Las buenas personas no son discutidoras, las discutidoras no son buenas.

Las personas sabias no son eruditas, las eruditas no son sabias.

El Sabio no toma nada para acaparar, cuanto más vive para los demás, más plena es su vida.

Cuanto más da, más nada en la abundancia.

La Ley del Cielo es beneficiar, no perjudicar.

La Ley del Sabio es cumplir su deber, no luchar contra nadie.